한글사경

관세음보살보문품

화엄북스

사경 정진

사경이란 경전을 옮겨 쓰는 것을 말한다.
경전은 부처님께서 설하신 진리의 말씀이기 때문에 깨끗한 마음으로 정성을 다하여
사경에 임하는 일은 부처님의 마음을 가장 깊이 느끼고 이해할 수 있는 기도며 수행이다.
경전 속의 문자나 진언, 염불, 변상도 등은 단순한 문자나 그림이 아니라
중생들의 본성과 부처님의 마음을 여실하게 표현한 것이다.
예로부터 큰스님들은 경전의 한 글자 한 글자에 모두 부처님께서 함께하신다고 생각하여
사경을 할 때는 한자를 쓰고 삼배를 올리는 일자 삼배의 수행으로 사경을 하셨다.
사경의 신앙은 경전의 뜻을 보다 깊이 이해하는 의미도 크지만 자신의 원력을
사경속에 담아서 신심을 키워 나가는 데 그 목적이 있다고 하겠다.
우리에게 지혜와 자비의 길을 설하신 부처님의 가르침을 눈으로 읽고
소리를 내어서 염송하고 마음으로 이해를 한 뒤에 온 신경을 집중하고 정성을 다하여
사경에 임할때 부처님께서 자기와 함께하는 경건함과 환희로움을 체험할 수 있다.
엄숙한 분위기에서 조용히 정좌하고 호흡을 가다듬어 정신을 통일한 뒤
정성드려 행하는 사경은 번뇌와 미혹의 마음을 벗어나 청정한 심신이 되어
부처님의 마음과 통하게 된다. 부처님의 마음과 자기의 마음이 하나로 통하게 되면
지혜의 빛이 우리의 마음 속 깊이 스며들어 온다. 그때 몸과 마음의 안락과 함께 행복을
느끼면서 모든 이웃의 존재에 대한 자비심이 일어나게 된다.
이것이 진정한 사경의 신앙이다.

사경 공덕

사경의 공덕은 모든 중생들이 청정한 마음으로 불경을 옮겨 써서
수지하고 독송하며 남을 위하여 설하여 주면 윤회의 고통으로부터 벗어난다고 하였다.
또한 사경을 한 불경을 불상과 불탑에 공양을 하면 부처님의 보호와 위신력으로
일체의 재앙이 소멸되고 현세에는 복락을 성취한다고 한다.

"만약 어떤 사람이 경전을 사경, 수지, 해설하면 대원을 성취한다."
『법화경』「법사공덕품」

"보현아, 만일 경전을 받아가지고 읽고 외우며 바르게 기억하고 닦고 익히며 옮겨 쓰는
이가 있으면, 마땅히 알라. 이 사람은 석가모니 부처님을 만나 뵙고 부처님의 입으로부터
직접 경전을 설하심을 들은 것과 같으니라"
『법화경』「보현보살권발품」

"무수한 세월 동안 물질로 보시를 한 공덕보다 경전을 사경, 수지, 독송하여 다른
사람들을 위하여 해설을 한 공덕이 더 수승하다.
『금강경』「지경공덕분」

"반야경을 사경한 공덕이 탑을 조성한 공덕보다 수승하다.
『도행반야경』「탑품」

그렇다면 사경을 하게 되면 어떤 이익이 있을까?
다음과 같은 몇 가지로 요약을 해볼 수 있을 것이다.
산란심이 사라지고 마음이 안정된다.
심신이 정화되어 몸이 건강해진다.
번뇌가 사라지고 지혜가 자라난다.
부처님의 가르침을 깊이 이해하게 된다.
불법의 인연에 감사하고 생활이 즐거워진다.
부처님의 가호로 고통과 번뇌가 사라지고 발원한 일들이 성취된다.
깊은 믿음과 굳건한 신념이 생긴다.

불자가 경상에 앉아서 경전을 읽거나 사경을 하게 되면 호법신장이 항상 그 사람의 곁을 떠나지 않고 보호하여주며 산란하던 마음이 안정되고 지혜가 생기므로 생활이 안정되고 어려운 일들이 차츰 없어지고 해결이 되며 화합과 기쁨이 넘치는 가정이 된다.

사경 순서

삼귀의

사경발원문
시방세계의 모든 부처님과 보살님께 발원하옵니다. 오늘 저희들은 지극한 마음으로 사경을 봉행하오니 이 경전을 쓰는 공덕이 무량하여 선망부모가 왕생극락하고 다겁생래로 지어온 모든 죄업이 소멸되어 위없는 깨달음을 얻게 하소서.
그리고 지금 이루어지는 이 경전이 미래세가 다하도록 없어지지 않아 이후 모든 이웃들이 이 경전을 보면 환희심을 내고 불법을 깊이 깨달아 구경에 성불하기를 발원하옵니다.

참회문
한량없는 옛적부터 내가지은 모든 악업, 탐착심과 증오심과 미혹으로 생기었고, 몸과 입과 뜻을 따라 무명으로 지었기에 부처님께 진심으로 참회하고 비옵니다.

참회진언
"옴 살바 못자모지 사다야 사바하"(세번)

십념
청정법신 비로자나불, 원만보신 노사나불, 천백억화신 석가모니불, 당래하생 미륵존불
시방삼세 일체제불, 시방삼세 일체존법, 대지문수 사리보살, 대행 보현보살
대비 관세음보살, 제존보살마하살 마하반야바라밀

사경관념문

물은 대자비로 흐르는 지혜의 물이요. 먹은 깊은 선정의 굳은 먹입니다. 선정의 먹으로
지혜의 물을 갈아서, 실상법신의 문자를 옮겨 씁니다.
이 문자는 삼세제불의 깊고 깊은 가르침이며 모든 부처님의 진실한 참모습입니다.
이 말씀은 선정과 지혜의 법문이니 나와 남을 위하는 공덕이 두루 갖춰져 있습니다.
이 경의 말씀은 온 누리의 모든 중생들을 살펴보아 근기에 맞춰 설법해 널리 이웃을
이롭게 합니다. 이런 까닭에 제가 지금 경전의 사경을 봉행합니다. 원컨대 이 공덕으로
저와 더불어 온 누리의 모든 중생들이 끝없이 옛적부터 지어온 몸과 입과 마음으로
지어온 모든 죄업과 허물들이 남김없이 소멸되고 발원하는 모든 일들이 원만하게
성취되며, 정념으로 실상을 관하고 불도를 깨달아 윤회의 바다를 벗어나게 하여지이다.

입정·사경

주변을 깨끗이 정돈하고 몸과 마음을 청정하게 한다. 정좌하여 자세를 바르게 하고
호흡을 가다듬는다. 입정·사경한다. 발원문을 읽고 불전에 삼배한다.

회향문

사경 공덕 무량하여 삼업 중죄 소멸되니
몸과 마음 굳게 가져 보리심을 발합니다.
세세생생 보살의 길 나아가기 원하오니
시방삼세 부처님이시여 증명하여 주옵소서.

사홍서원

중생을 다 건지오리다. 번뇌를 다 끊으오리다.
법문을 다 배우오리다. 불도를 다 이루오리다.

자성중생을 다 건지오리다. 자성번뇌를 다 끊으오리다.
자성법문을 다 배우오리다. 자성불도를 다 이루오리다.

관세음보살보문품(觀世音菩薩普門品)

우리나라 관음신앙의 근본 경전이다. 『법화경(法華經)』 제25 「관세음보살보문품(觀世音菩薩普門品)」을 독립된 경으로 만든 것이다. 중국 서진(西晉)의 담마라참(曇摩羅讖)이 병으로 고생하는 하서왕(河西王)을 보고 이 국토가 관세음보살과 인연이 깊으니 「보문품」을 외우라고 권하였고, 이 경을 읽고 건강을 회복한 지리몽손왕이 「보문품」을 널리 유통시키면서 『관음경』이라 이름하였다.

우리나라에서는 구마라집(仇摩羅什)의 번역본이 널리 유통되고 있다. 그 내용은 관세음보살의 대자대비에 의지하면 일체의 고통에서 벗어날 수 있음을 요지로 하고 있다.

마음속으로 관세음보살을 염원함에 따라서 불구덩이가 연못으로 변하고, 파도가 잠잠해지며, 높은 산에서 밀려 떨어져도 공중에서 멈추게 된다. 참수형을 받게 되었을 때도 목을 치는 칼이 부러지는 등 갖가지 재앙으로부터 구원을 받는다는 현세 공덕이 강조되고 있다.

이 경전의 관세음보살 32응신(應身)은 제도하여야 할 중생에 따라서 불(佛)·보살(菩薩)·성문(聲聞)·임금·부녀자·동남동녀 등 32가지의 몸을 나누어서 사바세계 중생들의 모든 두려움을 없애준다고 하였다.

이 경은 관세음보살님의 영험과 함께 우리나라에서 가장 많이 유포, 신행(信行)된 경전의 하나이다.

관음보살 청정 성인은 일체의 여러 공덕 두루 갖춰
자비로운 눈으로써 중생들을 바라보며 그 복이 바다처럼 한량이 없느니라.
그러므로 마땅히 정례해야 하느니라

사경시작한날   년   월   일

두손모음

관세음보살보문품

　그 때 무진의 보살이 자리에서 일어나 오른쪽 어깨를 벗어 드러내고 부처님을 향하여 합장하고 여쭈었다.

　"세존이시여, 관세음보살은 무슨 인연으로 관세음이라고 합니까?"

　부처님께서 무진의보살에게 말씀하셨다.

　"선남자야, 만일 한량없는 백천만억 중생이 여러 가지 고뇌를 받을 때에 이 관세음보살의 이름을 듣고 일심으로 그 이름을 부르면, 관세음보살이 곧 그 음성을 듣고 모두 해탈케 하느니라.

만일 어떤 이가 이 관세음보살의 이름을
받들면, 그가 혹시 큰 불 속에 들어가더라도
불이 그를 태우지 못할 것이니, 이것은
관세음보살의 위신력 때문이며, 혹은 큰물에
떠내려가게 되더라도 그 이름을 부르면 곧
얕은 곳에 이르게 되며, 혹은 백천만억 중생이
금·은·유리·차거·마노·산호·호박·진주와 같은
보배를 구하려고 큰 바다에 들어갔을 때, 가령
폭풍이 일어 그들의 배가 나찰귀들의 나라에 닿게
되었을지라도 그 가운데 만일 한 사람이라도
관세음보살의 이름을 부르면, 여러 사람들이 다
나찰의 난으로부터 벗어날 수 있으리니, 이러한
인연으로 관세음이라 이름 하느니라.

또 어떤 사람이 만일 해를 입게 되었을지라도
관세음보살의 이름을 부르면, 그들이 가진
칼이나 막대기가 곧 조각조각 부서져 능히
벗어날 수 있으며, 혹은 삼천대천국토에 가득한
야차·나찰들이 와서 사람들을 괴롭히려
하더라도, 관세음보살의 이름만 부르면 여러
악귀가 악한 눈으로 보지도 못하겠거늘, 하물며
어찌 해칠 수 있겠느냐. 또 어떤 사람이 죄가
있거나 죄가 없거나 간에 수갑과 쇠고랑에 손발이
채워지고 몸이 묶였을지라도 관세음 보살의
이름만 부르면 이것들이 다 끊어지고 풀어져 곧
벗어나리라.

만일 또 삼천대천국토에 도둑이 가득 찬 속을

한 상인의 우두머리가 여러 상인들을 이끌고 귀중한 보물을 가진 채 험한 길을 지나갈 때, 그 중에 한 사람이 말하기를 '여러 선남자들이여, 무서워 말고 두려워 말라. 그대들은 진심으로 관세음보살의 이름을 부를지니라. 이 보살이 능히 중생들의 두려움을 없애 주리니, 그대들이 이 이름을 부르면 이 도둑들을 무사히 벗어 나리라' 해서, 이에 여러 상인들이 이 말을 듣고 모두 소리를 내어 '나무관세음보살' 한다면 곧 그 난을 벗어나리라.

무진의야, 관세음보살마하살의 위신력이 이와 같이 훌륭하니라.

또 만일 중생이 음욕이 많더라도 관세음보살을 항상 생각하고 공경하면 곧 음욕을 여의게 되며, 혹은 성내는 마음이 많더라도 관세음보살을 생각하고 공경하면 곧 그 마음을 여읠 수 있으며, 혹은 어리석음이 많더라도 관세음보살을 항상 생각하고 공경하면 곧 그 어리석음을 떠날 것이니라.

무진의야, 관세음보살이 이런 위신력으로 이롭게 함이 많으니, 중생은 마땅히 마음으로 항상 생각할 것이니라.

또, 만일 어떤 여인이 아들 낳기를 원하여 관세음 보살을 예배하고 공경하면 곧 복덕과

지혜가 있는 아들을 낳게 되고, 만일 딸 낳기를
원한다면 곧 단정하고 아름다운 모양을 갖춘
딸을 낳게 되리니, 덕의 근본을 잘 심었으므로
여러 사람의 사랑과 존경을 받으리라.

무진의야, 관세음보살의 힘이 이와 같으니라.

만일 또 중생이 관세음보살을 공경하고 예배하면
복이 헛되이 버려지지 않으리니, 그러므로 중생이
모두 관세음보살의 이름을 받들어야 하느니라.

무진의야, 만일 어떤 사람이 62억 항하의 모래
같은 보살의 이름을 받들어 목숨이 다하도록
음식과 의복·침구와 의약 등으로 공양한다면
너의 생각에는 어떠하느냐?

이 선남자·선여인의 공덕이 얼마나 많겠느냐?"

무진의가 대답하였다.

"매우 많겠습니다, 세존이시여."

부처님께서 다시 말씀하셨다.

"만일 어떤 사람이 관세음보살의 이름을
받들어 한때만이라도 예배하고 공양하면, 이
두 사람의 복이 똑같아 다를 바 없어 백천만억
겁에 이르도록 다할 수가 없으리라. 무진의야,
관세음보살의 이름을 수지하면 이와 같이
한량없고 가없는 복덕의 이익을 얻느니라."

무진의보살이 부처님께 여쭈었다.

"세존이시여, 관세음보살은 어떻게 이
사바세계에서 노니시며, 어떻게 중생을 위하여

설법하시며, 방편의 힘은 그 일이 어떠하십니까?"

부처님께서 무진의보살에게 말씀하셨다.

"선남자야, 어떤 나라의 중생을 부처의 몸으로 제도할 이에게는 관세음보살이 곧 부처의 몸을 나타내어 설법하며,

벽지불의 몸으로써 제도할 이에게는 벽지불의 몸을 나타내어 설법하며,

성문의 몸으로 제도할 이에게는 성문의 몸을 나타내어 설법하며,

범천왕의 몸으로써 제도할 이에게는 범천왕의 몸을 나타내어 설법하며,

제석천의 몸으로써 제도할 이에게는 제석천의

몸을 나타내어 설법하며,

자재천의 몸으로써 제도할 이에게는 자재천의
몸을 나타내어 설법하며,

대자재천의 몸으로써 제도할 이에게는
대자재천의 몸을 나타내어 설법하며,

천대장군의 몸으로써 제도할 이에게는
천대장군의 몸을 나타내어 설법하며,

비사문의 몸으로써 제도할 이에게는 비사문의
몸을 나타내어 설법하며,

소왕의 몸으로써 제도할 이에게는 곧 소왕의
몸을 나타내어 설법하며,

장자의 몸으로써 제도할 이에게는 장자의 몸을
곧 나타내어 설법하며,

거사의 몸으로써 제도할 이에게는 곧 거사의

몸을 나타내어 설법하며,

  관리의 몸으로써 제도할 이에게는 관리의 몸을
나타내어 설법하며,

  바라문의 몸으로써 제도할 이에게는 곧
바라문의 몸을 나타내어 설법하며,

  비구·비구니·우바새·우바이의 몸으로써 제도할
이에게는 비구·비구니·우바새·우바이의 몸을
나타내어 설법하며,

  장자·거사·관리·바라문의 부인의 몸으로써
제도할 이에게는 그 부인의 몸을 나타내어
설법하며,

  동남·동녀의 몸으로써 제도할 이에게는
동남·동녀의 몸을 나타내어 설법하며,

  하늘·용·야차·건달바·아수라·가루라·긴나라

·마후라가 등 사람인 듯 아닌 듯한 것 등의
몸으로써 제도할 이에게는

　모두 그 몸을 나타내어 설법하며,
집금강신으로써 제도할 이에게는 곧 집금강신을
나타내어 설법하나니, 무진의야, 이 관세음보살은
이러한 공덕을 성취하여 가지가지 형상으로
여러 국토에 노니시며, 중생을 제도하여 해탈케
하느니라.

　그러므로 너희들은 일심으로 관세음보살을
공양 할지니라. 이 관세음보살마하살이 두렵고
급한 환난 가운데 능히 두려움을 없애 주므로,
이 사바세계에서는 모두 일컬어 두려움을 없게
해주는 이[施無畏者]'라고 하느니라."

무진의보살이 부처님께 여쭈었다.

"세존이시여, 제가 이제 관세음보살을 공양

하겠습니다."

그리고는 목에 걸었던 백천 냥이나 되는 보배

구슬과 영락을 끌러 받들어 올리며 또 여쭈었다.

"어지신 이여, 법으로써 드리는 이 보배 구슬과

영락을 받아 주옵소서."

그 때 관세음보살이 이를 받지 않거늘,

무진의는 다시 관세음보살께 여쭈었다.

"어지신 이여, 저희들을 불쌍히 여기시어 이

영락을 받아 주옵소서."

그 때 부처님께서 관세음보살에게 말씀하셨다.

"여기 이 무진의보살과 사부대중과
하늘·용·야차·건달바·아수라·가루라·긴나라·
마후라가 등 사람인 듯 아닌 듯한 것들을 불쌍히
여겨 그 영락을 받으라."

곧 관세음보살이 사부대중과 하늘·용 등
사람인 듯 아닌 듯한 것들을 불쌍히 여기어 그
영락을 받더니, 둘로 나누어 한 몫은 석가모니
불께 바치고, 남은 한 몫은 다보불탑에 바쳤다.
"무진의야, 관세음보살은 이와 같이 자유스러운
신통력을 가지고 사바세계에 노니느니라."

그 때 무진의보살이 게송으로 물었다.
미묘한 상 갖추신 세존이시여, 이제 다시 저 일을

묻자옵나니 불자는 그 무슨 인연으로 관세음이라
부릅니까?

　미묘한 상 갖추신 세존께서 게송으로 무진의에게
대답하시되 곳곳마다 알맞게 응하여 나타나는
관음의 모든 행을 잘 들으라.
　그 보살의 큰 서원 바다와 같아 헤아릴 수 없이
긴 세월 동안 천억의 부처님 모시고 받들며 크고
청정한 원을 세우니

　내 이제 그것들을 간략히 말하리니 이름을
듣거나 몸을 보거나 마음으로 생각함이 헛되지
않으면 능히 모든 고통을 멸하리라.

가령 해치려는 사람에게 떠밀려 큰 불구덩이에 떨어진대도 관음을 염하는 그 힘으로 불구덩이 변하여 연못이 되고

　만일 큰 바다에 표류하여 용과 귀신·물고기의 난을 만나도 관음을 염하는 그 힘으로 파도가 능히 삼킬 수 없으며

　수미산의 봉우리에서 사람에게 떠밀려 떨어진대도 관음을 염하는 그 힘으로 허공에 머무는 해같이 되며

　악인에게 쫓기어 금강산에서 떨어진대도 관음을 염하는 그 힘으로 털끝 하나 다치지 않으며

원한의 도적을 만나 칼 들고 달려와 해치려
해도 관음을 염하는 그 힘으로 도적들 마음 돌려
자비하게 하며

법에 잘못 걸려 형벌을 받아 죽게 되더라도
관음을 염하는 그 힘으로 칼이 조각조각
끊어지며

감옥 속에 갇혀 있어서 손발이 형틀에
묶였더라도 관음을 염하는 그 힘으로 그것들의
풀림을 받을 것이며

저주와 여러 가지 독약으로 몸을 해치려고 할
때에도 관음을 염하는 그 힘으로 본인에게 그

화가 돌아가며

악한 나찰 독룡들과 여러 귀신을 만날지라도
관음을 염하는 그 힘으로 감히 모두들 해치지
못하며

사나운 짐승들에 둘러싸여 이빨과 발톱이
무섭더라도 관음을 염하는 그 힘으로 사방으로
뿔뿔이 달아나며

여러 가지 사나운 독사들이 독기가 불꽃처럼
성할지라도 관음을 염하는 그 힘으로 그 소리에
스스로 달아나며

구름에서 천둥 일며 번개 치고 큰비와 우박이
쏟아져도 관음을 염하는 그 힘으로 삽시간에
사라지며

뭇 중생이 곤경과 재앙을 만나 한량없는
고통을 받을지라도 관음의 미묘한 지혜의 힘이
능히 세상 고통 구하느니라.

신통한 힘 구족하고 지혜의 방편 널리 닦아
시방의 여러 국토 몸을 나타내지 않는 곳 없으며

가지가지 악한 갈래 지옥·아귀·축생 들의
생로병사 모든 고통 점차로 멸해 주며

진관이며 청정관이며 넓고 큰 지혜관이며 비관과
자관이니 항상 우러러볼지어다.

때 없어 청정한 빛 지혜의 태양 어둠을 제하나니
풍재와 화재 능히 이겨 널리 밝게 세상을 비추니

대비는 체가 되고 계행은 우레 되며 자비로운
마음은 큰 구름 같아 감로의 법비를 내려 번뇌의
타는 불길 멸해 주며

쟁송으로 관청에 가거나 두려운 진중에 있을
지라도 관음을 염하는 그 힘으로 모든 원수가
흩어지느니라.

묘음과 관세음과 법음과 해조음이 저 세간음
보다 나으니

그러므로 항상 생각하여 의심일랑 잠깐도 하지
말아라.

관세음보살 청정한 성인은 고뇌와 죽음과 액운
당하여 능히 믿고 의지할 바 되리.

일체의 여러 공덕 두루 갖추어 자비로운 눈으로
중생을 보며 그 복이 바다처럼 한량없으니

그러므로 마땅히 정례할지니라.

그 때 지지보살이 자리에서 일어나 부처님 앞에
나아가 여쭈었다.

"세존이시여, 만일 중생이 이 「관세음보살

보문품」의 자유로운 업과 널리 보이고 나타내는 신통력을 듣는다면, 그 사람의 공덕은 적지 않겠습니다."

　부처님께서 이 「보문품」을 설하실 때, 대중 가운데 8만 4천 중생이 모두 비할 바 없이 평등한 아뇩다라삼먁삼보리의 마음을 내었다.

년　　월　　일

_____ 두 손 모음

관세음보살보문품

그 때 무진의 보살이 자리에서 일어나 오른쪽 어깨를 벗어 드러내고 부처님을 향하여 합장하고 여쭈었다.

"세존이시여, 관세음보살은 무슨 인연으로 관세음이라고 합니까?"

부처님께서 무진의보살에게 말씀하셨다.

"선남자야, 만일 한량없는 백천만억 중생이 여러 가지 고뇌를 받을 때에 이 관세음보살의 이름을 듣고 일심으로 그 이름을 부르면, 관세음보살이 곧 그 음성을 듣고 모두 해탈케 하느니라.

만일 어떤 이가 이 관세음보살의 이름을

받들면, 그가 혹시 큰 불 속에 들어가더라도

불이 그를 태우지 못할 것이니, 이것은

관세음보살의 위신력 때문이며, 혹은 큰물에

떠내려가게 되더라도 그 이름을 부르면 곧

얕은 곳에 이르게 되며, 혹은 백천만억 중생이

금·은·유리·차거·마노·산호·호박·진주와 같은

보배를 구하려고 큰 바다에 들어갔을 때, 가령

폭풍이 일어 그들의 배가 나찰귀들의 나라에 닿게

되었을지라도 그 가운데 만일 한 사람이라도

관세음보살의 이름을 부르면, 여러 사람들이 다

나찰의 난으로부터 벗어날 수 있으리니, 이러한

인연으로 관세음이라 이름 하느니라.

또 어떤 사람이 만일 해를 입게 되었을지라도 관세음보살의 이름을 부르면, 그들이 가진 칼이나 막대기가 곧 조각조각 부서져 능히 벗어날 수 있으며, 혹은 삼천대천국토에 가득한 야차·나찰들이 와서 사람들을 괴롭히려 하더라도, 관세음보살의 이름만 부르면 여러 악귀가 악한 눈으로 보지도 못하겠거늘, 하물며 어찌 해칠 수 있겠느냐. 또 어떤 사람이 죄가 있거나 죄가 없거나 간에 수갑과 쇠고랑에 손발이 채워지고 몸이 묶였을지라도 관세음 보살의 이름만 부르면 이것들이 다 끊어지고 풀어져 곧 벗어나리라.

만일 또 삼천대천국토에 도둑이 가득 찬 속을

한 상인의 우두머리가 여러 상인들을 이끌고
귀중한 보물을 가진 채 험한 길을 지나갈 때,
그 중에 한 사람이 말하기를 '여러
선남자들이여, 무서워 말고 두려워 말라. 그대들은
진심으로 관세음보살의 이름을 부를지니라. 이
보살이 능히 중생들의 두려움을 없애 주리니,
그대들이 이 이름을 부르면 이 도둑들을 무사히
벗어 나리라' 해서, 이에 여러 상인들이 이 말을
듣고 모두 소리를 내어 '나무관세음보살' 한다면
곧 그 난을 벗어나리라.

무진의야, 관세음보살마하살의 위신력이 이와
같이 훌륭하니라.

또 만일 중생이 음욕이 많더라도 관세음보살을 항상 생각하고 공경하면 곧 음욕을 여의게 되며, 혹은 성내는 마음이 많더라도 관세음보살을 생각하고 공경하면 곧 그 마음을 여읠 수 있으며, 혹은 어리석음이 많더라도 관세음보살을 항상 생각하고 공경하면 곧 그 어리석음을 떠날 것이니라.

무진의야, 관세음보살이 이런 위신력으로 이롭게 함이 많으니, 중생은 마땅히 마음으로 항상 생각할 것이니라.

또, 만일 어떤 여인이 아들 낳기를 원하여 관세음 보살을 예배하고 공경하면 곧 복덕과

지혜가 있는 아들을 낳게 되고, 만일 딸 낳기를
원한다면 곧 단정하고 아름다운 모양을 갖춘
딸을 낳게 되리니, 덕의 근본을 잘 심었으므로
여러 사람의 사랑과 존경을 받으리라.

무진의야, 관세음보살의 힘이 이와 같으니라.

만일 또 중생이 관세음보살을 공경하고 예배하면
복이 헛되이 버려지지 않으리니, 그러므로 중생이
모두 관세음보살의 이름을 받들어야 하느니라.

무진의야, 만일 어떤 사람이 62억 항하의 모래
같은 보살의 이름을 받들어 목숨이 다하도록
음식과 의복·침구와 의약 등으로 공양한다면
너의 생각에는 어떠하느냐?

이 선남자·선여인의 공덕이 얼마나 많겠느냐?"

무진의가 대답하였다.

"매우 많겠습니다, 세존이시여."

부처님께서 다시 말씀하셨다.

"만일 어떤 사람이 관세음보살의 이름을
받들어 한때만이라도 예배하고 공양하면, 이
두 사람의 복이 똑같아 다를 바 없어 백천만억
겁에 이르도록 다할 수가 없으리라. 무진의야,
관세음보살의 이름을 수지하면 이와 같이
한량없고 가없는 복덕의 이익을 얻느니라."

무진의보살이 부처님께 여쭈었다.

"세존이시여, 관세음보살은 어떻게 이
사바세계에서 노니시며, 어떻게 중생을 위하여

설법하시며, 방편의 힘은 그 일이 어떠하십니까?"

부처님께서 무진의보살에게 말씀하셨다.

"선남자야, 어떤 나라의 중생을 부처의 몸으로 제도할 이에게는 관세음보살이 곧 부처의 몸을 나타내어 설법하며,

벽지불의 몸으로써 제도할 이에게는 벽지불의 몸을 나타내어 설법하며,

성문의 몸으로 제도할 이에게는 성문의 몸을 나타내어 설법하며,

범천왕의 몸으로써 제도할 이에게는 범천왕의 몸을 나타내어 설법하며,

제석천의 몸으로써 제도할 이에게는 제석천의

몸을 나타내어 설법하며,

자재천의 몸으로써 제도할 이에게는 자재천의

몸을 나타내어 설법하며,

대자재천의 몸으로써 제도할 이에게는

대자재천의 몸을 나타내어 설법하며,

천대장군의 몸으로써 제도할 이에게는

천대장군의 몸을 나타내어 설법하며,

비사문의 몸으로써 제도할 이에게는 비사문의

몸을 나타내어 설법하며,

소왕의 몸으로써 제도할 이에게는 곧 소왕의

몸을 나타내어 설법하며,

장자의 몸으로써 제도할 이에게는 장자의 몸을

곧 나타내어 설법하며,

거사의 몸으로써 제도할 이에게는 곧 거사의

몸을 나타내어 설법하며,

　관리의 몸으로써 제도할 이에게는 관리의 몸을
나타내어 설법하며,

　바라문의 몸으로써 제도할 이에게는 곧
바라문의 몸을 나타내어 설법하며,

　비구·비구니·우바새·우바이의 몸으로써 제도할
이에게는 비구·비구니·우바새·우바이의 몸을
나타내어 설법하며,

　장자·거사·관리·바라문의 부인의 몸으로써
제도할 이에게는 그 부인의 몸을 나타내어
설법하며,

　동남·동녀의 몸으로써 제도할 이에게는
동남·동녀의 몸을 나타내어 설법하며,

　하늘·용·야차·건달바·아수라·가루라·긴나라

·마후라가 등 사람인 듯 아닌 듯한 것 등의
몸으로써 제도할 이에게는 .

　모두 그 몸을 나타내어 설법하며,
집금강신으로써 제도할 이에게는 곧 집금강신을
나타내어 설법하나니, 무진의야, 이 관세음보살은
이러한 공덕을 성취하여 가지가지 형상으로
여러 국토에 노니시며, 중생을 제도하여 해탈케
하느니라.

　그러므로 너희들은 일심으로 관세음보살을
공양 할지니라. 이 관세음보살마하살이 두렵고
급한 환난 가운데 능히 두려움을 없애 주므로,
이 사바세계에서는 모두 일컬어 두려움을 없게
해주는 이[施無畏者]'라고 하느니라."

무진의보살이 부처님께 여쭈었다.

"세존이시여, 제가 이제 관세음보살을 공양

하겠습니다."

그리고는 목에 걸었던 백천 냥이나 되는 보배

구슬과 영락을 끌러 받들어 올리며 또 여쭈었다.

"어지신 이여, 법으로써 드리는 이 보배 구슬과

영락을 받아 주옵소서."

그 때 관세음보살이 이를 받지 않거늘,

무진의는 다시 관세음보살께 여쭈었다.

"어지신 이여, 저희들을 불쌍히 여기시어 이

영락을 받아 주옵소서."

그 때 부처님께서 관세음보살에게 말씀하셨다.

"여기 이 무진의보살과 사부대중과 하늘·용·야차·건달바·아수라·가루라·긴나라·마후라가 등 사람인 듯 아닌 듯한 것들을 불쌍히 여겨 그 영락을 받으라."

곧 관세음보살이 사부대중과 하늘·용 등 사람인 듯 아닌 듯한 것들을 불쌍히 여기어 그 영락을 받더니, 둘로 나누어 한 몫은 석가모니불께 바치고, 남은 한 몫은 다보불탑에 바쳤다.

"무진의야, 관세음보살은 이와 같이 자유스러운 신통력을 가지고 사바세계에 노니느니라."

그 때 무진의보살이 게송으로 물었다.

미묘한 상 갖추신 세존이시여, 이제 다시 저 일을

묻자옵나니 불자는 그 무슨 인연으로 관세음이라
부릅니까?

　미묘한 상 갖추신 세존께서 게송으로 무진의에게
대답하시되 곳곳마다 알맞게 응하여 나타나는
관음의 모든 행을 잘 들으라.
　그 보살의 큰 서원 바다와 같아 헤아릴 수 없이
긴 세월 동안 천억의 부처님 모시고 받들며 크고
청정한 원을 세우니

　내 이제 그것들을 간략히 말하리니 이름을
듣거나 몸을 보거나 마음으로 생각함이 헛되지
않으면 능히 모든 고통을 멸하리라.

가령 해치려는 사람에게 떠밀려 큰 불구덩이에 떨어진대도 관음을 염하는 그 힘으로 불구덩이 변하여 연못이 되고

만일 큰 바다에 표류하여 용과 귀신·물고기의 난을 만나도 관음을 염하는 그 힘으로 파도가 능히 삼킬 수 없으며

수미산의 봉우리에서 사람에게 떠밀려 떨어진대도 관음을 염하는 그 힘으로 허공에 머무는 해같이 되며

악인에게 쫓기어 금강산에서 떨어진대도 관음을 염하는 그 힘으로 털끝 하나 다치지 않으며

원한의 도적을 만나 칼 들고 달려와 해치려
해도 관음을 염하는 그 힘으로 도적들 마음 돌려
자비하게 하며

법에 잘못 걸려 형벌을 받아 죽게 되더라도
관음을 염하는 그 힘으로 칼이 조각조각
끊어지며

감옥 속에 갇혀 있어서 손발이 형틀에
묶였더라도 관음을 염하는 그 힘으로 그것들의
풀림을 받을 것이며

저주와 여러 가지 독약으로 몸을 해치려고 할
때에도 관음을 염하는 그 힘으로 본인에게 그

화가 돌아가며

　악한 나찰 독룡들과 여러 귀신을 만날지라도
관음을 염하는 그 힘으로 감히 모두들 해치지
못하며

　사나운 짐승들에 둘러싸여 이빨과 발톱이
무섭더라도 관음을 염하는 그 힘으로 사방으로
뺄뺄이 달아나며

　여러 가지 사나운 독사들이 독기가 불꽃처럼
성할지라도 관음을 염하는 그 힘으로 그 소리에
스스로 달아나며

구름에서 천둥 일며 번개 치고 큰비와 우박이
쏟아져도 관음을 염하는 그 힘으로 삽시간에
사라지며

뭇 중생이 곤경과 재앙을 만나 한량없는
고통을 받을지라도 관음의 미묘한 지혜의 힘이
능히 세상 고통 구하느니라.

신통한 힘 구족하고 지혜의 방편 널리 닦아
시방의 여러 국토 몸을 나타내지 않는 곳 없으며

가지가지 악한 갈래 지옥·아귀·축생 들의
생로병사 모든 고통 점차로 멸해 주며

진관이며 청정관이며 넓고 큰 지혜관이며 비관과 자관이니 항상 우러러볼지어다.

때 없어 청정한 빛 지혜의 태양 어둠을 제하나니 풍재와 화재 능히 이겨 널리 밝게 세상을 비추니

대비는 체가 되고 계행은 우레 되며 자비로운 마음은 큰 구름 같아 감로의 법비를 내려 번뇌의 타는 불길 멸해 주며

쟁송으로 관청에 가거나 두려운 진중에 있을지라도 관음을 염하는 그 힘으로 모든 원수가 흩어지느니라.

묘음과 관세음과 범음과 해조음이 저 세간음

보다 나으니

　그러므로 항상 생각하여 의심일랑 잠깐도 하지

말아라.

　관세음보살 청정한 성인은 고뇌와 죽음과 액운

당하여 능히 믿고 의지할 바 되리.

　일체의 여러 공덕 두루 갖추어 자비로운 눈으로

중생을 보며 그 복이 바다처럼 한량없으니

　그러므로 마땅히 정례할지니라.

　그 때 지지보살이 자리에서 일어나 부처님 앞에

나아가 여쭈었다.

　"세존이시여, 만일 중생이 이 「관세음보살

보문품」의 자유로운 업과 널리 보이고 나타내는
신통력을 듣는다면, 그 사람의 공덕은 적지
않겠습니다."

　부처님께서 이 「보문품」을 설하실 때, 대중
가운데 8만 4천 중생이 모두 비할 바 없이
평등한 아뇩다라삼먁삼보리의 마음을 내었다.

년　　월　　일

_____ 두 손 모음

관세음보살보문품

그 때 무진의 보살이 자리에서 일어나 오른쪽 어깨를 벗어 드러내고 부처님을 향하여 합장하고 여쭈었다.

"세존이시여, 관세음보살은 무슨 인연으로 관세음이라고 합니까?"

부처님께서 무진의보살에게 말씀하셨다.

"선남자야, 만일 한량없는 백천만억 중생이 여러 가지 고뇌를 받을 때에 이 관세음보살의 이름을 듣고 일심으로 그 이름을 부르면, 관세음보살이 곧 그 음성을 듣고 모두 해탈케 하느니라.

만일 어떤 이가 이 관세음보살의 이름을
받들면, 그가 혹시 큰 불 속에 들어가더라도
불이 그를 태우지 못할 것이니, 이것은
관세음보살의 위신력 때문이며, 혹은 큰물에
떠내려가게 되더라도 그 이름을 부르면 곧
얕은 곳에 이르게 되며, 혹은 백천만억 중생이
금·은·유리·차거·마노·산호·호박·진주와 같은
보배를 구하려고 큰 바다에 들어갔을 때, 가령
폭풍이 일어 그들의 배가 나찰귀들의 나라에 닿게
되었을지라도 그 가운데 만일 한 사람이라도
관세음보살의 이름을 부르면, 여러 사람들이 다
나찰의 난으로부터 벗어날 수 있으리니, 이러한
인연으로 관세음이라 이름 하느니라.

또 어떤 사람이 만일 해를 입게 되었을지라도
관세음보살의 이름을 부르면, 그들이 가진
칼이나 막대기가 곧 조각조각 부서져 능히
벗어날 수 있으며, 혹은 삼천대천국토에 가득한
야차·나찰들이 와서 사람들을 괴롭히려
하더라도, 관세음보살의 이름만 부르면 여러
악귀가 악한 눈으로 보지도 못하겠거늘, 하물며
어찌 해칠 수 있겠느냐. 또 어떤 사람이 죄가
있거나 죄가 없거나 간에 수갑과 쇠고랑에 손발이
채워지고 몸이 묶였을지라도 관세음 보살의
이름만 부르면 이것들이 다 끊어지고 풀어져 곧
벗어나리라.

　만일 또 삼천대천국토에 도둑이 가득 찬 속을

한 상인의 우두머리가 여러 상인들을 이끌고
귀중한 보물을 가진 채 험한 길을 지나갈 때,
그 중에 한 사람이 말하기를 '여러
선남자들이여, 무서워 말고 두려워 말라. 그대들은
진심으로 관세음보살의 이름을 부를지니라. 이
보살이 능히 중생들의 두려움을 없애 주리니,
그대들이 이 이름을 부르면 이 도둑들을 무사히
벗어 나리라' 해서, 이에 여러 상인들이 이 말을
듣고 모두 소리를 내어 '나무관세음보살' 한다면
곧 그 난을 벗어나리라.

무진의야, 관세음보살마하살의 위신력이 이와
같이 훌륭하니라.

또 만일 중생이 음욕이 많더라도 관세음보살을
항상 생각하고 공경하면 곧 음욕을 여의게 되며,
혹은 성내는 마음이 많더라도 관세음보살을
생각하고 공경하면 곧 그 마음을 여읠 수 있으며,
혹은 어리석음이 많더라도 관세음보살을 항상
생각하고 공경하면 곧 그 어리석음을 떠날
것이니라.

무진의야, 관세음보살이 이런 위신력으로 이롭게
함이 많으니, 중생은 마땅히 마음으로 항상
생각할 것이니라.

또, 만일 어떤 여인이 아들 낳기를 원하여
관세음 보살을 예배하고 공경하면 곧 복덕과

지혜가 있는 아들을 낳게 되고, 만일 딸 낳기를

원한다면 곧 단정하고 아름다운 모양을 갖춘

딸을 낳게 되리니, 덕의 근본을 잘 심었으므로

여러 사람의 사랑과 존경을 받으리라.

무진의야, 관세음보살의 힘이 이와 같으니라.

만일 또 중생이 관세음보살을 공경하고 예배하면

복이 헛되이 버려지지 않으리니, 그러므로 중생이

모두 관세음보살의 이름을 받들어야 하느니라.

무진의야, 만일 어떤 사람이 62억 항하의 모래

같은 보살의 이름을 받들어 목숨이 다하도록

음식과 의복·침구와 의약 등으로 공양한다면

너의 생각에는 어떠하느냐?

이 선남자·선여인의 공덕이 얼마나 많겠느냐?"

무진의가 대답하였다.

"매우 많겠습니다, 세존이시여."

부처님께서 다시 말씀하셨다.

"만일 어떤 사람이 관세음보살의 이름을
받들어 한때만이라도 예배하고 공양하면, 이
두 사람의 복이 똑같아 다를 바 없어 백천만억
겁에 이르도록 다할 수가 없으리라. 무진의야,
관세음보살의 이름을 수지하면 이와 같이
한량없고 가없는 복덕의 이익을 얻느니라."

무진의보살이 부처님께 여쭈었다.

"세존이시여, 관세음보살은 어떻게 이
사바세계에서 노니시며, 어떻게 중생을 위하여

설법하시며, 방편의 힘은 그 일이 어떠하십니까?"

부처님께서 무진의보살에게 말씀하셨다.

"선남자야, 어떤 나라의 중생을 부처의 몸으로
제도할 이에게는 관세음보살이 곧 부처의 몸을
나타내어 설법하며,

벽지불의 몸으로써 제도할 이에게는 벽지불의
몸을 나타내어 설법하며,

성문의 몸으로 제도할 이에게는 성문의 몸을
나타내어 설법하며,

범천왕의 몸으로써 제도할 이에게는 범천왕의
몸을 나타내어 설법하며,

제석천의 몸으로써 제도할 이에게는 제석천의

몸을 나타내어 설법하며,

　자재천의 몸으로써 제도할 이에게는 자재천의

몸을 나타내어 설법하며,

　대자재천의 몸으로써 제도할 이에게는

대자재천의 몸을 나타내어 설법하며,

　천대장군의 몸으로써 제도할 이에게는

천대장군의 몸을 나타내어 설법하며,

　비사문의 몸으로써 제도할 이에게는 비사문의

몸을 나타내어 설법하며,

　소왕의 몸으로써 제도할 이에게는 곧 소왕의

몸을 나타내어 설법하며,

　장자의 몸으로써 제도할 이에게는 장자의 몸을

곧 나타내어 설법하며,

　거사의 몸으로써 제도할 이에게는 곧 거사의

몸을 나타내어 설법하며,

　관리의 몸으로써 제도할 이에게는 관리의 몸을

나타내어 설법하며,

　바라문의 몸으로써 제도할 이에게는 곧

바라문의 몸을 나타내어 설법하며,

　비구·비구니·우바새·우바이의 몸으로써 제도할

이에게는 비구·비구니·우바새·우바이의 몸을

나타내어 설법하며,

　장자·거사·관리·바라문의 부인의 몸으로써

제도할 이에게는 그 부인의 몸을 나타내어

설법하며,

　동남·동녀의 몸으로써 제도할 이에게는

동남·동녀의 몸을 나타내어 설법하며,

　하늘·용·야차·건달바·아수라·가루라·긴나라

·마후라가 등 사람인 듯 아닌 듯한 것 등의

몸으로써 제도할 이에게는

모두 그 몸을 나타내어 설법하며,

집금강신으로써 제도할 이에게는 곧 집금강신을

나타내어 설법하나니, 무진의야, 이 관세음보살은

이러한 공덕을 성취하여 가지가지 형상으로

여러 국토에 노니시며, 중생을 제도하여 해탈케

하느니라.

그러므로 너희들은 일심으로 관세음보살을

공양 할지니라. 이 관세음보살마하살이 두렵고

급한 환난 가운데 능히 두려움을 없애 주므로,

이 사바세계에서는 모두 일컬어 두려움을 없게

해주는 이[施無畏者]'라고 하느니라."

무진의보살이 부처님께 여쭈었다.

"세존이시여, 제가 이제 관세음보살을 공양
하겠습니다."

그리고는 목에 걸었던 백천 냥이나 되는 보배
구슬과 영락을 끌러 받들어 올리며 또 여쭈었다.

"어지신 이여, 법으로써 드리는 이 보배 구슬과
영락을 받아 주옵소서."

그 때 관세음보살이 이를 받지 않거늘,

무진의는 다시 관세음보살께 여쭈었다.

"어지신 이여, 저희들을 불쌍히 여기시어 이
영락을 받아 주옵소서."

그 때 부처님께서 관세음보살에게 말씀하셨다.

"여기 이 무진의보살과 사부대중과

하늘·용·야차·건달바·아수라·가루라·긴나라·

마후라가 등 사람인 듯 아닌 듯한 것들을 불쌍히

여겨 그 영락을 받으라."

곧 관세음보살이 사부대중과 하늘·용 등

사람인 듯 아닌 듯한 것들을 불쌍히 여기어 그

영락을 받더니, 둘로 나누어 한 몫은 석가모니

불께 바치고, 남은 한 몫은 다보불탑에 바쳤다.

"무진의야, 관세음보살은 이와 같이 자유스러운

신통력을 가지고 사바세계에 노니느니라."

그 때 무진의보살이 게송으로 물었다.

미묘한 상 갖추신 세존이시여, 이제 다시 저 일을

묻자옵나니 불자는 그 무슨 인연으로 관세음이라
부릅니까?

　미묘한 상 갖추신 세존께서 게송으로 무진의에게
대답하시되 곳곳마다 알맞게 응하여 나타나는
관음의 모든 행을 잘 들으라.
　그 보살의 큰 서원 바다와 같아 헤아릴 수 없이
긴 세월 동안 천억의 부처님 모시고 받들며 크고
청정한 원을 세우니

　내 이제 그것들을 간략히 말하리니 이름을
듣거나 몸을 보거나 마음으로 생각함이 헛되지
않으면 능히 모든 고통을 멸하리라.

가령 해치려는 사람에게 떠밀려 큰 불구덩이에 떨어진대도 관음을 염하는 그 힘으로 불구덩이 변하여 연못이 되고

만일 큰 바다에 표류하여 용과 귀신·물고기의 난을 만나도 관음을 염하는 그 힘으로 파도가 능히 삼킬 수 없으며

수미산의 봉우리에서 사람에게 떠밀려 떨어진대도 관음을 염하는 그 힘으로 허공에 머무는 해같이 되며

악인에게 쫓기어 금강산에서 떨어진대도 관음을 염하는 그 힘으로 털끝 하나 다치지 않으며

원한의 도적을 만나 칼 들고 달려와 해치려
해도 관음을 염하는 그 힘으로 도적들 마음 돌려
자비하게 하며

법에 잘못 걸려 형벌을 받아 죽게 되더라도
관음을 염하는 그 힘으로 칼이 조각조각
끊어지며

감옥 속에 갇혀 있어서 손발이 형틀에
묶였더라도 관음을 염하는 그 힘으로 그것들의
풀림을 받을 것이며

저주와 여러 가지 독약으로 몸을 해치려고 할
때에도 관음을 염하는 그 힘으로 본인에게 그

화가 돌아가며

악한 나찰 독룡들과 여러 귀신을 만날지라도
관음을 염하는 그 힘으로 감히 모두들 해치지
못하며

사나운 짐승들에 둘러싸여 이빨과 발톱이
무섭더라도 관음을 염하는 그 힘으로 사방으로
뿔뿔이 달아나며

여러 가지 사나운 독사들이 독기가 불꽃처럼
성할지라도 관음을 염하는 그 힘으로 그 소리에
스스로 달아나며

구름에서 천둥 일며 번개 치고 큰비와 우박이
쏟아져도 관음을 염하는 그 힘으로 삽시간에
사라지며

뭇 중생이 곤경과 재앙을 만나 한량없는
고통을 받을지라도 관음의 미묘한 지혜의 힘이
능히 세상 고통 구하느니라.

신통한 힘 구족하고 지혜의 방편 널리 닦아
시방의 여러 국토 몸을 나타내지 않는 곳 없으며

가지가지 악한 갈래 지옥·아귀·축생 들의
생로병사 모든 고통 점차로 멸해 주며

진관이며 청정관이며 넓고 큰 지혜관이며 비관과

자관이니 항상 우러러볼지어다.

　　때 없어 청정한 빛 지혜의 태양 어둠을 제하나니

풍재와 화재 능히 이겨 널리 밝게 세상을 비추니

　　대비는 체가 되고 계행은 우레 되며 자비로운

마음은 큰 구름 같아 감로의 법비를 내려 번뇌의

타는 불길 멸해 주며

　　쟁송으로 관청에 가거나 두려운 진중에 있을

지라도 관음을 염하는 그 힘으로 모든 원수가

흩어지느니라.

묘음과 관세음과 법음과 해조음이 저 세간음

보다 나으니

그러므로 항상 생각하여 의심일랑 잠깐도 하지

말아라.

관세음보살 청정한 성인은 고뇌와 죽음과 액운

당하여 능히 믿고 의지할 바 되리.

일체의 여러 공덕 두루 갖추어 자비로운 눈으로

중생을 보며 그 복이 바다처럼 한량없으니

그러므로 마땅히 정례할지니라.

그 때 지지보살이 자리에서 일어나 부처님 앞에

나아가 여쭈었다.

"세존이시여, 만일 중생이 이 「관세음보살

보문품」의 자유로운 업과 널리 보이고 나타내는
신통력을 듣는다면, 그 사람의 공덕은 적지
않겠습니다."
　부처님께서 이 「보문품」을 설하실 때, 대중
가운데 8만 4천 중생이 모두 비할 바 없이
평등한 아뇩다라삼먁삼보리의 마음을 내었다.

　　　　　　　　년　　월　　일

＿＿＿＿＿＿＿두 손 모음

관세음보살보문품

  그 때 무진의 보살이 자리에서 일어나 오른쪽 어깨를 벗어 드러내고 부처님을 향하여 합장하고 여쭈었다.

  "세존이시여, 관세음보살은 무슨 인연으로 관세음이라고 합니까?"

  부처님께서 무진의보살에게 말씀하셨다.

  "선남자야, 만일 한량없는 백천만억 중생이 여러 가지 고뇌를 받을 때에 이 관세음보살의 이름을 듣고 일심으로 그 이름을 부르면, 관세음보살이 곧 그 음성을 듣고 모두 해탈케 하느니라.

만일 어떤 이가 이 관세음보살의 이름을
받들면, 그가 혹시 큰 불 속에 들어가더라도
불이 그를 태우지 못할 것이니, 이것은
관세음보살의 위신력 때문이며, 혹은 큰물에
떠내려가게 되더라도 그 이름을 부르면 곧
얕은 곳에 이르게 되며, 혹은 백천만억 중생이
금·은·유리·차거·마노·산호·호박·진주와 같은
보배를 구하려고 큰 바다에 들어갔을 때, 가령
폭풍이 일어 그들의 배가 나찰귀들의 나라에 닿게
되었을지라도 그 가운데 만일 한 사람이라도
관세음보살의 이름을 부르면, 여러 사람들이 다
나찰의 난으로부터 벗어날 수 있으리니, 이러한
인연으로 관세음이라 이름 하느니라.

또 어떤 사람이 만일 해를 입게 되었을지라도 관세음보살의 이름을 부르면, 그들이 가진 칼이나 막대기가 곧 조각조각 부서져 능히 벗어날 수 있으며, 혹은 삼천대천국토에 가득한 야차·나찰들이 와서 사람들을 괴롭히려 하더라도, 관세음보살의 이름만 부르면 여러 악귀가 악한 눈으로 보지도 못하겠거늘, 하물며 어찌 해칠 수 있겠느냐. 또 어떤 사람이 죄가 있거나 죄가 없거나 간에 수갑과 쇠고랑에 손발이 채워지고 몸이 묶였을지라도 관세음 보살의 이름만 부르면 이것들이 다 끊어지고 풀어져 곧 벗어나리라.

만일 또 삼천대천국토에 도둑이 가득 찬 속을

한 상인의 우두머리가 여러 상인들을 이끌고

귀중한 보물을 가진 채 험한 길을 지나갈 때,

그 중에 한 사람이 말하기를 '여러

선남자들이여, 무서워 말고 두려워 말라. 그대들은

진심으로 관세음보살의 이름을 부를지니라. 이

보살이 능히 중생들의 두려움을 없애 주리니,

그대들이 이 이름을 부르면 이 도둑들을 무사히

벗어 나리라' 해서, 이에 여러 상인들이 이 말을

듣고 모두 소리를 내어 '나무관세음보살' 한다면

곧 그 난을 벗어나리라.

무진의야, 관세음보살마하살의 위신력이 이와

같이 훌륭하니라.

또 만일 중생이 음욕이 많더라도 관세음보살을 항상 생각하고 공경하면 곧 음욕을 여의게 되며, 혹은 성내는 마음이 많더라도 관세음보살을 생각하고 공경하면 곧 그 마음을 여읠 수 있으며, 혹은 어리석음이 많더라도 관세음보살을 항상 생각하고 공경하면 곧 그 어리석음을 떠날 것이니라.

무진의야, 관세음보살이 이런 위신력으로 이롭게 함이 많으니, 중생은 마땅히 마음으로 항상 생각할 것이니라.

또, 만일 어떤 여인이 아들 낳기를 원하여 관세음 보살을 예배하고 공경하면 곧 복덕과

지혜가 있는 아들을 낳게 되고, 만일 딸 낳기를
원한다면 곧 단정하고 아름다운 모양을 갖춘
딸을 낳게 되리니, 덕의 근본을 잘 심었으므로
여러 사람의 사랑과 존경을 받으리라.

　무진의야, 관세음보살의 힘이 이와 같으니라.

　만일 또 중생이 관세음보살을 공경하고 예배하면
복이 헛되이 버려지지 않으리니, 그러므로 중생이
모두 관세음보살의 이름을 받들어야 하느니라.

　무진의야, 만일 어떤 사람이 62억 항하의 모래
같은 보살의 이름을 받들어 목숨이 다하도록
음식과 의복·침구와 의약 등으로 공양한다면
너의 생각에는 어떠하느냐?

　이 선남자·선여인의 공덕이 얼마나 많겠느냐?"

무진의가 대답하였다.

"매우 많겠습니다, 세존이시여."

부처님께서 다시 말씀하셨다.

"만일 어떤 사람이 관세음보살의 이름을 받들어 한때만이라도 예배하고 공양하면, 이 두 사람의 복이 똑같아 다를 바 없어 백천만억 겁에 이르도록 다할 수가 없으리라. 무진의야, 관세음보살의 이름을 수지하면 이와 같이 한량없고 가없는 복덕의 이익을 얻느니라."

무진의보살이 부처님께 여쭈었다.

"세존이시여, 관세음보살은 어떻게 이 사바세계에서 노니시며, 어떻게 중생을 위하여

설법하시며, 방편의 힘은 그 일이 어떠하십니까?"

부처님께서 무진의보살에게 말씀하셨다.

"선남자야, 어떤 나라의 중생을 부처의 몸으로 제도할 이에게는 관세음보살이 곧 부처의 몸을 나타내어 설법하며,

벽지불의 몸으로써 제도할 이에게는 벽지불의 몸을 나타내어 설법하며,

성문의 몸으로 제도할 이에게는 성문의 몸을 나타내어 설법하며,

범천왕의 몸으로써 제도할 이에게는 범천왕의 몸을 나타내어 설법하며,

제석천의 몸으로써 제도할 이에게는 제석천의

몸을 나타내어 설법하며,

　자재천의 몸으로써 제도할 이에게는 자재천의

몸을 나타내어 설법하며,

　대자재천의 몸으로써 제도할 이에게는

대자재천의 몸을 나타내어 설법하며,

　천대장군의 몸으로써 제도할 이에게는

천대장군의 몸을 나타내어 설법하며,

　비사문의 몸으로써 제도할 이에게는 비사문의

몸을 나타내어 설법하며,

　소왕의 몸으로써 제도할 이에게는 곧 소왕의

몸을 나타내어 설법하며,

　장자의 몸으로써 제도할 이에게는 장자의 몸을

곧 나타내어 설법하며,

　거사의 몸으로써 제도할 이에게는 곧 거사의

몸을 나타내어 설법하며,

　관리의 몸으로써 제도할 이에게는 관리의 몸을
나타내어 설법하며,

　바라문의 몸으로써 제도할 이에게는 곧
바라문의 몸을 나타내어 설법하며,

　비구·비구니·우바새·우바이의 몸으로써 제도할
이에게는 비구·비구니·우바새·우바이의 몸을
나타내어 설법하며,

　장자·거사·관리·바라문의 부인의 몸으로써
제도할 이에게는 그 부인의 몸을 나타내어
설법하며,

　동남·동녀의 몸으로써 제도할 이에게는
동남·동녀의 몸을 나타내어 설법하며,

　하늘·용·야차·건달바·아수라·가루라·긴나라

·마후라가 등 사람인 듯 아닌 듯한 것 등의 몸으로써 제도할 이에게는

모두 그 몸을 나타내어 설법하며, 집금강신으로써 제도할 이에게는 곧 집금강신을 나타내어 설법하나니, 무진의야, 이 관세음보살은 이러한 공덕을 성취하여 가지가지 형상으로 여러 국토에 노니시며, 중생을 제도하여 해탈케 하느니라.

그러므로 너희들은 일심으로 관세음보살을 공양 할지니라. 이 관세음보살마하살이 두렵고 급한 환난 가운데 능히 두려움을 없애 주므로, 이 사바세계에서는 모두 일컬어 두려움을 없게 해주는 이[施無畏者]'라고 하느니라."

무진의보살이 부처님께 여쭈었다.

"세존이시여, 제가 이제 관세음보살을 공양

하겠습니다."

그리고는 목에 걸었던 백천 냥이나 되는 보배

구슬과 영락을 끌러 받들어 올리며 또 여쭈었다.

"어지신 이여, 법으로써 드리는 이 보배 구슬과

영락을 받아 주옵소서."

그 때 관세음보살이 이를 받지 않거늘,

무진의는 다시 관세음보살께 여쭈었다.

"어지신 이여, 저희들을 불쌍히 여기시어 이

영락을 받아 주옵소서."

그 때 부처님께서 관세음보살에게 말씀하셨다.

"여기 이 무진의보살과 사부대중과
하늘·용·야차·건달바·아수라·가루라·긴나라·
마후라가 등 사람인 듯 아닌 듯한 것들을 불쌍히
여겨 그 영락을 받으라."

곧 관세음보살이 사부대중과 하늘·용 등
사람인 듯 아닌 듯한 것들을 불쌍히 여기어 그
영락을 받더니, 둘로 나누어 한 몫은 석가모니
불께 바치고, 남은 한 몫은 다보불탑에 바쳤다.
"무진의야, 관세음보살은 이와 같이 자유스러운
신통력을 가지고 사바세계에 노니느니라."

그 때 무진의보살이 게송으로 물었다.
미묘한 상 갖추신 세존이시여, 이제 다시 저 일을

묻자옵나니 불자는 그 무슨 인연으로 관세음이라
부릅니까?

　미묘한 상 갖추신 세존께서 게송으로 무진의에게
대답하시되 곳곳마다 알맞게 응하여 나타나는
관음의 모든 행을 잘 들으라.
　그 보살의 큰 서원 바다와 같아 헤아릴 수 없이
긴 세월 동안 천억의 부처님 모시고 받들며 크고
청정한 원을 세우니

　내 이제 그것들을 간략히 말하리니 이름을
듣거나 몸을 보거나 마음으로 생각함이 헛되지
않으면 능히 모든 고통을 멸하리라.

가령 해치려는 사람에게 떠밀려 큰 불구덩이에 떨어진대도 관음을 염하는 그 힘으로 불구덩이 변하여 연못이 되고

만일 큰 바다에 표류하여 용과 귀신·물고기의 난을 만나도 관음을 염하는 그 힘으로 파도가 능히 삼킬 수 없으며

수미산의 봉우리에서 사람에게 떠밀려 떨어진대도 관음을 염하는 그 힘으로 허공에 머무는 해같이 되며

악인에게 쫓기어 금강산에서 떨어진대도 관음을 염하는 그 힘으로 털끝 하나 다치지 않으며

원한의 도적을 만나 칼 들고 달려와 해치려 해도 관음을 염하는 그 힘으로 도적들 마음 돌려 자비하게 하며

　법에 잘못 걸려 형벌을 받아 죽게 되더라도 관음을 염하는 그 힘으로 칼이 조각조각 끊어지며

　감옥 속에 갇혀 있어서 손발이 형틀에 묶였더라도 관음을 염하는 그 힘으로 그것들의 풀림을 받을 것이며

　저주와 여러 가지 독약으로 몸을 해치려고 할 때에도 관음을 염하는 그 힘으로 본인에게 그

화가 돌아가며

악한 나찰 독룡들과 여러 귀신을 만날지라도
관음을 염하는 그 힘으로 감히 모두들 해치지
못하며

사나운 짐승들에 둘러싸여 이빨과 발톱이
무섭더라도 관음을 염하는 그 힘으로 사방으로
뺄뺄이 달아나며

여러 가지 사나운 독사들이 독기가 불꽃처럼
성할지라도 관음을 염하는 그 힘으로 그 소리에
스스로 달아나며

구름에서 천둥 일며 번개 치고 큰비와 우박이
쏟아져도 관음을 염하는 그 힘으로 삽시간에
사라지며

못 중생이 곤경과 재앙을 만나 한량없는
고통을 받을지라도 관음의 미묘한 지혜의 힘이
능히 세상 고통 구하느니라.

신통한 힘 구족하고 지혜의 방편 널리 닦아
시방의 여러 국토 몸을 나타내지 않는 곳 없으며

가지가지 악한 갈래 지옥·아귀·축생 들의
생로병사 모든 고통 점차로 멸해 주며

진관이며 청정관이며 넓고 큰 지혜관이며 비관과
자관이니 항상 우러러볼지어다.

　때 없어 청정한 빛 지혜의 태양 어둠을 제하나니
풍재와 화재 능히 이겨 널리 밝게 세상을 비추니

　대비는 체가 되고 계행은 우레 되며 자비로운
마음은 큰 구름 같아 감로의 법비를 내려 번뇌의
타는 불길 멸해 주며

　쟁송으로 관청에 가거나 두려운 진중에 있을
지라도 관음을 염하는 그 힘으로 모든 원수가
흩어지느니라.

묘음과 관세음과 범음과 해조음이 저 세간음
보다 나으니

그러므로 항상 생각하여 의심일랑 잠깐도 하지
말아라.

관세음보살 청정한 성인은 고뇌와 죽음과 액운
당하여 능히 믿고 의지할 바 되리.

일체의 여러 공덕 두루 갖추어 자비로운 눈으로
중생을 보며 그 복이 바다처럼 한량없으니

그러므로 마땅히 정례할지니라.

그 때 지지보살이 자리에서 일어나 부처님 앞에
나아가 여쭈었다.

"세존이시여, 만일 중생이 이 「관세음보살

보문품」의 자유로운 업과 널리 보이고 나타내는
신통력을 듣는다면, 그 사람의 공덕은 적지
않겠습니다."

　부처님께서 이 「보문품」을 설하실 때, 대중
가운데 8만 4천 중생이 모두 비할 바 없이
평등한 아뇩다라삼먁삼보리의 마음을 내었다.

년　　월　　일

_____두 손 모음

관세음보살보문품

그 때 무진의 보살이 자리에서 일어나 오른쪽 어깨를 벗어 드러내고 부처님을 향하여 합장하고 여쭈었다.

"세존이시여, 관세음보살은 무슨 인연으로 관세음이라고 합니까?"

부처님께서 무진의보살에게 말씀하셨다.

"선남자야, 만일 한량없는 백천만억 중생이 여러 가지 고뇌를 받을 때에 이 관세음보살의 이름을 듣고 일심으로 그 이름을 부르면, 관세음보살이 곧 그 음성을 듣고 모두 해탈케 하느니라.

만일 어떤 이가 이 관세음보살의 이름을
받들면, 그가 혹시 큰 불 속에 들어가더라도
불이 그를 태우지 못할 것이니, 이것은
관세음보살의 위신력 때문이며, 혹은 큰물에
떠내려가게 되더라도 그 이름을 부르면 곧
얕은 곳에 이르게 되며, 혹은 백천만억 중생이
금·은·유리·차거·마노·산호·호박·진주와 같은
보배를 구하려고 큰 바다에 들어갔을 때, 가령
폭풍이 일어 그들의 배가 나찰귀들의 나라에 닿게
되었을지라도 그 가운데 만일 한 사람이라도
관세음보살의 이름을 부르면, 여러 사람들이 다
나찰의 난으로부터 벗어날 수 있으리니, 이러한
인연으로 관세음이라 이름 하느니라.

또 어떤 사람이 만일 해를 입게 되었을지라도

관세음보살의 이름을 부르면, 그들이 가진

칼이나 막대기가 곧 조각조각 부서져 능히

벗어날 수 있으며, 혹은 삼천대천국토에 가득한

야차·나찰들이 와서 사람들을 괴롭히려

하더라도, 관세음보살의 이름만 부르면 여러

악귀가 악한 눈으로 보지도 못하겠거늘, 하물며

어찌 해칠 수 있겠느냐. 또 어떤 사람이 죄가

있거나 죄가 없거나 간에 수갑과 쇠고랑에 손발이

채워지고 몸이 묶였을지라도 관세음 보살의

이름만 부르면 이것들이 다 끊어지고 풀어져 곧

벗어나리라.

만일 또 삼천대천국토에 도둑이 가득 찬 속을

한 상인의 우두머리가 여러 상인들을 이끌고 귀중한 보물을 가진 채 험한 길을 지나갈 때, 그 중에 한 사람이 말하기를 '여러 선남자들이여, 무서워 말고 두려워 말라. 그대들은 진심으로 관세음보살의 이름을 부를지니라. 이 보살이 능히 중생들의 두려움을 없애 주리니, 그대들이 이 이름을 부르면 이 도둑들을 무사히 벗어 나리라' 해서, 이에 여러 상인들이 이 말을 듣고 모두 소리를 내어 '나무관세음보살' 한다면 곧 그 난을 벗어나리라.

무진의야, 관세음보살마하살의 위신력이 이와 같이 훌륭하니라.

또 만일 중생이 음욕이 많더라도 관세음보살을
항상 생각하고 공경하면 곧 음욕을 여의게 되며,
혹은 성내는 마음이 많더라도 관세음보살을
생각하고 공경하면 곧 그 마음을 여일 수 있으며,
혹은 어리석음이 많더라도 관세음보살을 항상
생각하고 공경하면 곧 그 어리석음을 떠날
것이니라.

무진의야, 관세음보살이 이런 위신력으로 이롭게
함이 많으니, 중생은 마땅히 마음으로 항상
생각할 것이니라.

또, 만일 어떤 여인이 아들 낳기를 원하여
관세음 보살을 예배하고 공경하면 곧 복덕과

지혜가 있는 아들을 낳게 되고, 만일 딸 낳기를

원한다면 곧 단정하고 아름다운 모양을 갖춘

딸을 낳게 되리니, 덕의 근본을 잘 심었으므로

여러 사람의 사랑과 존경을 받으리라.

　무진의야, 관세음보살의 힘이 이와 같으니라.

　만일 또 중생이 관세음보살을 공경하고 예배하면

복이 헛되이 버려지지 않으리니, 그러므로 중생이

모두 관세음보살의 이름을 받들어야 하느니라.

　무진의야, 만일 어떤 사람이 62억 항하의 모래

같은 보살의 이름을 받들어 목숨이 다하도록

음식과 의복·침구와 의약 등으로 공양한다면

너의 생각에는 어떠하느냐?

　이 선남자·선여인의 공덕이 얼마나 많겠느냐?"

무진의가 대답하였다.

"매우 많겠습니다, 세존이시여."

부처님께서 다시 말씀하셨다.

"만일 어떤 사람이 관세음보살의 이름을
받들어 한때만이라도 예배하고 공양하면, 이
두 사람의 복이 똑같아 다를 바 없어 백천만억
겁에 이르도록 다할 수가 없으리라. 무진의야,
관세음보살의 이름을 수지하면 이와 같이
한량없고 가없는 복덕의 이익을 얻느니라."

무진의보살이 부처님께 여쭈었다.

"세존이시여, 관세음보살은 어떻게 이
사바세계에서 노니시며, 어떻게 중생을 위하여

설법하시며, 방편의 힘은 그 일이 어떠하십니까?"

　부처님께서 무진의보살에게 말씀하셨다.

　"선남자야, 어떤 나라의 중생을 부처의 몸으로
제도할 이에게는 관세음보살이 곧 부처의 몸을
나타내어 설법하며,
　벽지불의 몸으로써 제도할 이에게는 벽지불의
몸을 나타내어 설법하며,
　성문의 몸으로 제도할 이에게는 성문의 몸을
나타내어 설법하며,
　범천왕의 몸으로써 제도할 이에게는 범천왕의
몸을 나타내어 설법하며,
　제석천의 몸으로써 제도할 이에게는 제석천의

몸을 나타내어 설법하며,

　자재천의 몸으로써 제도할 이에게는 자재천의

몸을 나타내어 설법하며,

　대자재천의 몸으로써 제도할 이에게는

대자재천의 몸을 나타내어 설법하며,

　천대장군의 몸으로써 제도할 이에게는

천대장군의 몸을 나타내어 설법하며,

　비사문의 몸으로써 제도할 이에게는 비사문의

몸을 나타내어 설법하며,

　소왕의 몸으로써 제도할 이에게는 곧 소왕의

몸을 나타내어 설법하며,

　장자의 몸으로써 제도할 이에게는 장자의 몸을

곧 나타내어 설법하며,

　거사의 몸으로써 제도할 이에게는 곧 거사의

몸을 나타내어 설법하며,

　관리의 몸으로써 제도할 이에게는 관리의 몸을
나타내어 설법하며,

　바라문의 몸으로써 제도할 이에게는 곧
바라문의 몸을 나타내어 설법하며,

　비구·비구니·우바새·우바이의 몸으로써 제도할
이에게는 비구·비구니·우바새·우바이의 몸을
나타내어 설법하며,

　장자·거사·관리·바라문의 부인의 몸으로써
제도할 이에게는 그 부인의 몸을 나타내어
설법하며,

　동남·동녀의 몸으로써 제도할 이에게는
동남·동녀의 몸을 나타내어 설법하며,

　하늘·용·야차·건달바·아수라·가루라·긴나라

·마후라가 등 사람인 듯 아닌 듯한 것 등의

몸으로써 제도할 이에게는

　모두 그 몸을 나타내어 설법하며,

집금강신으로써 제도할 이에게는 곧 집금강신을

나타내어 설법하나니, 무진의야, 이 관세음보살은

이러한 공덕을 성취하여 가지가지 형상으로

여러 국토에 노니시며, 중생을 제도하여 해탈케

하느니라.

　그러므로 너희들은 일심으로 관세음보살을

공양 할지니라. 이 관세음보살마하살이 두렵고

급한 환난 가운데 능히 두려움을 없애 주므로,

이 사바세계에서는 모두 일컬어 두려움을 없게

해주는 이[施無畏者]'라고 하느니라."

무진의보살이 부처님께 여쭈었다.

"세존이시여, 제가 이제 관세음보살을 공양
하겠습니다."

그리고는 목에 걸었던 백천 냥이나 되는 보배
구슬과 영락을 끌러 받들어 올리며 또 여쭈었다.

"어지신 이여, 법으로써 드리는 이 보배 구슬과
영락을 받아 주옵소서."

그 때 관세음보살이 이를 받지 않거늘,
무진의는 다시 관세음보살께 여쭈었다.

"어지신 이여, 저희들을 불쌍히 여기시어 이
영락을 받아 주옵소서."

그 때 부처님께서 관세음보살에게 말씀하셨다.

"여기 이 무진의보살과 사부대중과 하늘·용·야차·건달바·아수라·가루라·긴나라· 마후라가 등 사람인 듯 아닌 듯한 것들을 불쌍히 여겨 그 영락을 받으라."

곧 관세음보살이 사부대중과 하늘·용 등 사람인 듯 아닌 듯한 것들을 불쌍히 여기어 그 영락을 받더니, 둘로 나누어 한 몫은 석가모니 불께 바치고, 남은 한 몫은 다보불탑에 바쳤다.

"무진의야, 관세음보살은 이와 같이 자유스러운 신통력을 가지고 사바세계에 노니느니라."

그 때 무진의보살이 게송으로 물었다.

미묘한 상 갖추신 세존이시여, 이제 다시 저 일을

묻자옵나니 불자는 그 무슨 인연으로 관세음이라
부릅니까?

　미묘한 상 갖추신 세존께서 게송으로 무진의에게
대답하시되 곳곳마다 알맞게 응하여 나타나는
관음의 모든 행을 잘 들으라.
　그 보살의 큰 서원 바다와 같아 헤아릴 수 없이
긴 세월 동안 천억의 부처님 모시고 받들며 크고
청정한 원을 세우니

　내 이제 그것들을 간략히 말하리니 이름을
듣거나 몸을 보거나 마음으로 생각함이 헛되지
않으면 능히 모든 고통을 멸하리라.

가령 해치려는 사람에게 떠밀려 큰 불구덩이에 떨어진대도 관음을 염하는 그 힘으로 불구덩이 변하여 연못이 되고

만일 큰 바다에 표류하여 용과 귀신·물고기의 난을 만나도 관음을 염하는 그 힘으로 파도가 능히 삼킬 수 없으며

수미산의 봉우리에서 사람에게 떠밀려 떨어진대도 관음을 염하는 그 힘으로 허공에 머무는 해같이 되며

악인에게 쫓기어 금강산에서 떨어진대도 관음을 염하는 그 힘으로 털끝 하나 다치지 않으며

원한의 도적을 만나 칼 들고 달려와 해치려 해도 관음을 염하는 그 힘으로 도적들 마음 돌려 자비하게 하며

법에 잘못 걸려 형벌을 받아 죽게 되더라도 관음을 염하는 그 힘으로 칼이 조각조각 끊어지며

감옥 속에 갇혀 있어서 손발이 형틀에 묶였더라도 관음을 염하는 그 힘으로 그것들의 풀림을 받을 것이며

저주와 여러 가지 독약으로 몸을 해치려고 할 때에도 관음을 염하는 그 힘으로 본인에게 그

화가 돌아가며

악한 나찰 독룡들과 여러 귀신을 만날지라도
관음을 염하는 그 힘으로 감히 모두들 해치지
못하며

사나운 짐승들에 둘러싸여 이빨과 발톱이
무섭더라도 관음을 염하는 그 힘으로 사방으로
뿔뿔이 달아나며

여러 가지 사나운 독사들이 독기가 불꽃처럼
성할지라도 관음을 염하는 그 힘으로 그 소리에
스스로 달아나며

구름에서 천둥 일며 번개 치고 큰비와 우박이
쏟아져도 관음을 염하는 그 힘으로 삽시간에
사라지며

뭇 중생이 곤경과 재앙을 만나 한량없는
고통을 받을지라도 관음의 미묘한 지혜의 힘이
능히 세상 고통 구하느니라.

신통한 힘 구족하고 지혜의 방편 널리 닦아
시방의 여러 국토 몸을 나타내지 않는 곳 없으며

가지가지 악한 갈래 지옥·아귀·축생 들의
생로병사 모든 고통 점차로 멸해 주며

진관이며 청정관이며 넓고 큰 지혜관이며 비관과 자관이니 항상 우러러볼지어다.

때 없어 청정한 빛 지혜의 태양 어둠을 제하나니 풍재와 화재 능히 이겨 널리 밝게 세상을 비추니

대비는 체가 되고 계행은 우레 되며 자비로운 마음은 큰 구름 같아 감로의 법비를 내려 번뇌의 타는 불길 멸해 주며

쟁송으로 관청에 가거나 두려운 진중에 있을지라도 관음을 염하는 그 힘으로 모든 원수가 흩어지느니라.

묘음과 관세음과 법음과 해조음이 저 세간음

보다 나으니

그러므로 항상 생각하여 의심일랑 잠깐도 하지

말아라.

관세음보살 청정한 성인은 고뇌와 죽음과 액운

당하여 능히 믿고 의지할 바 되리.

일체의 여러 공덕 두루 갖추어 자비로운 눈으로

중생을 보며 그 복이 바다처럼 한량없으니

그러므로 마땅히 정례할지니라.

그 때 지지보살이 자리에서 일어나 부처님 앞에

나아가 여쭈었다.

"세존이시여, 만일 중생이 이「관세음보살

보문품」의 자유로운 업과 널리 보이고 나타내는
신통력을 듣는다면, 그 사람의 공덕은 적지
않겠습니다."
　부처님께서 이 「보문품」을 설하실 때, 대중
가운데 8만 4천 중생이 모두 비할 바 없이
평등한 아뇩다라삼먁삼보리의 마음을 내었다.

사경끝난 날   년 월 일

두손모음

한글사경
관세음보살보문품

1판 1쇄 찍은 날 2022년 4월 20일
1판 1쇄 펴낸 날 2022년 4월 25일

펴 낸 이 장재수
편찬위원 박윤필
기   획 김익현
제   작 디자인/백한수, 편집/백승웅
펴 낸 곳 (주) 화엄북스
주   소 경기도 고양시 일산동구 노첨길56번길 63-9
전   화 031 901 9755, 팩   스 031 901 9766
이 메 일 eg9396@naver.com

출판등록 제2021-000181호
ISBN 979-11-977514-3-1 (13220)

정가 9,000원